So lebt

Athen

*Der perfekte Reiseführer für einen unvergessli-
chen Aufenthalt in Athen inkl. Insider-Tipps,
Tipps zum Geldsparen und Packliste*

Meike Blumberg

✈ INHALT

Packliste

Das erwartet Sie in diesem Buch

Athen ist die legendäre Hauptstadt Griechenlands seit der Antike. Von dort aus hat sich vor 3.000 Jahren die Zivilisation des Westens ausgebreitet. Die Stadt ist geeignet für Abenteuerlustige und die weltberühmte Akropolis samt ihren Tempelanlagen und historischen Ausgrabungen sollten Sie unbedingt einmal gesehen haben. Athen geht aber weit über seine antiken Sehenswürdigkeiten hinaus.

Die Stadt blüht vor Leben, was zum Beispiel während der Olympischen Spiele im Jahr 2004 offenbart wurde, wodurch Athen ein modernes Image bekam. Auch wenn Griechenland unter wirtschaftlichen Schwierigkeiten leidet, ist und bleibt Athen ein begehrtes Reiseziel, und die Griechen lassen sich ihre einmalige Lebensfreude nicht nehmen. Besuchen Sie die alten sowie die neuen Stadtviertel Athens und das traumhafte Umland. Damit wird Ihr Städtetrip zu einem unvergesslichen Erlebnis.

In diesem Reiseführer erwartet Sie ein kleiner, kurzweiliger Einblick in die Hauptstadt Griechenlands. Sie erfahren nicht nur, welche bedeutenden Bauwerke und Sehenswürdigkeiten einen Besuch wert sind, sondern auch, was die Stadt Athen noch zu bieten hat, zum Beispiel ein reges Nachtleben.

So können Sie sich schon einmal vor Ihrer Reise auf das Leben in Athen, die kulturellen und kulinarischen Gepflogenheiten sowie den Verkehrstrubel einstimmen. Eine der geschichtsträchtigsten Städte Europas wartet darauf, von Ihnen entdeckt zu werden.

Wissenswertes

Athen (auf Griechisch Αθήνα beziehungsweise Athína) ist die griechische Hauptstadt und befindet sich auf der Halbinsel Attika. Athen zählt zu den Wiegen der Zivilisation Europas und ist bekannt als der Austragungsort der Olympischen Spiele von 1896 sowie 2004.

Das Stadtgebiet Athens setzt sich aus mehreren kleinen Vorstädten sowie der Stadtmitte zusammen. Der Hafen von Piräus, Nea Smyrni sowie die Stadtteile entlang der Olympischen Küste, wie Voula, Faliro, Kavouri, Glyfada, Varkiza und Vouliagmeni, sind einen Besuch wert, wenn es Sie in den Umkreis der Megametropole Athen zieht. Dort können Sie schwimmen, einkaufen und Spaß haben.

Die Stadt Athen ist umgeben von den Marmorstein-brüchen der Berge Hymettos und Pendeli auf der Ostseite sowie von dem Gebirge Parnes auf der Westseite. Manche Hügel ragen über die Stadt hin-aus und auf dem bekanntesten Hügel steht das Wahrzeichen Athens, die Akropolis. Es gibt die ge-setzliche Bestimmung, dass kein Bauwerk in Athen die Akropolis überragen darf, denn sie muss aus al-len Himmelsrichtungen uneingeschränkt gesehen werden können.

Laut der Legende ist die Stadtgründung auf den König Theseus zurückzuführen. Der Name Athen ist eine Herleitung der Göttin Athene, welche als Schutzpatronin dieser Stadt gilt. Die Einwohner ga-ben damals der Stadt diesen Namen. Nach dem 5. Jahrhundert vor Christus florierte Athen und es ent-stand die Staatsform Demokratie, auch Attische De-mokratie genannt.

Griechenland wurde durch die Römer erobert, wodurch Athen aber kaum an Größe einbüßte. Der zunehmende Bedeutungsverlust Athens war den Völkerwanderungen sowie der byzantinischen Herrschaft geschuldet. Um 1458 wurde Athen durch die Osmanen erobert und die Besetzung dauerte fast 400 Jahre an. Während der Befreiungskriege wurde Athen im Jahr 1823 in den neu gegründeten griechischen Staat eingegliedert und im Jahr 1834 von König Otto zur Hauptstadt Griechenlands ernannt. Während dessen Regentschaft entstanden zahlreiche Gebäude und Straßen im klassizistischen Baustil, welche gut mit den antiken Bauten harmonieren.

Athen als die griechische Hauptstadt ist ein Genuss für Kultur- und Kunstliebhaber. Die Akropolis mit den dazugehörigen Tempelruinen und den zahlreichen Museen machen Athen zu den beliebtesten Reisezielen Europas.

Insgesamt ist diese Stadt sehr vielfältig und bietet viel Abwechslung. Ein Besuch ist absolut lohnens- und empfehlenswert. Wenn Sie einen Städtetrip nach Athen planen, treffen Sie vorsichtshalber einige Vorüberlegungen im Hinblick auf Ausflüge oder Sehenswürdigkeiten, denn diese sind in großer Anzahl vorhanden.

Wetter & Klima

Das Klima Athens stellt eine Besonderheit in Griechenland sowie in Europa dar. Vor der städtischen Entwicklung galt es als eines der besten weltweit. Aufgrund der Winde und der bergigen Umgebung im Norden, Westen und Osten herrscht in Athen ein wärmeres und trockeneres Klima als in anderen Gegenden Griechenlands.

In Athen herrscht im Sommer und im Winter ein mediterranes Klima. In der Sommerzeit sind die Temperaturen äußerst heiß und trocken. Im Winter ist es eher mild, aber auch häufig regnerisch.

Die Monate Mai, Juni sowie September und Oktober sind die besten Zeiten für eine Reise nach Athen. In diesen Monaten betragen die durchschnittlichen Temperaturen zwischen 25 und 30 °C. Regen gibt es nur wenig und die Sonne ist etwa 12 Stunden täglich zu sehen. Der Juli und der August sind oft zu heiß, um die Stadt zu besichtigen, was auf die große Bevölkerungsdichte, die geografische Einkesselung durch die Berge und die enge Bebauung zurückzuführen ist. So entstehen mitunter Hitzewellen, die sich wie 40 °C anfühlen. Die Temperaturen sinken dann nachts selten auf unter 25 bis 30 °C.

In den Wintermonaten gibt es oft Kälteeinbrüche im Norden, die besonders in den nördlichen Stadtteilen regelmäßig für Schnee sorgen. Der November ist noch ziemlich warm, was vor allem Mitteleuropäer staunen lässt. Tatsächlich hat Athen im November noch Temperaturen zwischen 20 und 25 °C, wogegen es in anderen Mittelmeerländern schon deutlich kühler ist. Im Gegenzug beginnt der Frühling später, denn von März bis April ist es noch recht kühl.

Die mittleren Temperaturwerte liegen im Zeitraum von Dezember bis Februar durchschnittlich bei 9,5 bis 11,5 °C. Gelegentlich treten frostige Tage auf, an denen die tiefste Temperatur bei -5 °C liegt. Im Zeitraum von Mai bis September liegen die mittleren Temperaturwerte bei 20 bis 29 °C.

In Athen gibt es jährlich mehr als 2.800 Stunden Sonne und mindestens 348 sonnige Tage. An einigen Tagen wehen die Winde Wüstensand aus der Sahara bis in die Hauptstadt, was die staubigen Straßen erklärt.

Die jährliche Niederschlagsmenge in Athen ist mit 400 mm sehr gering. Im Zeitraum von Oktober bis Februar gibt es die häufigsten Niederschläge. Besonders wenig Niederschläge gibt es zwischen Juni und September.

Das Wetter und das Klima haben für einen einzigartigen Pflanzenwuchs in Athen gesorgt. Hier gedeihen besonders robuste Pflanzenarten gut. Im Umland von Athen gibt es großflächige Oliven- und Pinienwälder. Aufgrund der Tatsache, dass Athen nördlich von Bergen umgeben ist und sich daher Hitzestaus in der Ebene bilden, können dort auch Pflanzen der Tropen und Subtropen wachsen. Dennoch ist der Pflanzenwuchs trotz der weitläufigen Waldgebiete recht spärlich.

Die Temperaturen merkt man natürlich auch an der Wassertemperatur, die an heißen Tagen bis auf 25 °C klettert. Das wirkt sich auch auf das Ökosystem aus, denn die meist warmen Wassertemperaturen sorgen für regelrechte Algenplagen. Das warme Klima ist auch für häufigen Smog im Sommer verantwortlich, sodass es zu schlechter Luft und Atemproblemen kommen kann. Die neu eingeführten Abwassergesetze sowie die Fahrverbotsregelungen konnten in den vergangenen Jahren ein wenig Abhilfe schaffen. Eine Gefahr geht nach wie vor von regelmäßig auftretenden Waldbränden aus, vor allem im trockenen Sommer.

So gibt es jedes Jahr einen Verlust von mehreren hundert Hektar Oliven- und Pinienwäldern. In der Sommerzeit regnet es durchschnittlich weniger als 10 Tage pro Monat, also ist der Boden in dieser Zeit sehr trocken, was die Waldbrände begünstigt.

Anreise

Die griechische Hauptstadt Athen ist mit den gängigen Verkehrsmitteln gut erreichbar. Das gilt sowohl für die Anreise außerhalb von Griechenland als auch innerhalb des Landes.

Die meisten Menschen wählen das Flugzeug für die Anreise nach Athen. Der Flughafen Eleftherios Venizelos befindet sich etwas außerhalb und Sie können von dort die Metro nutzen, um in die Stadt zu gelangen. Von Deutschland und Europa aus starten verschiedene Fluggesellschaften und bieten normale Linienflüge sowie Low Budget-Flüge an. Neben den Flugreisen gibt es noch Anreisemöglichkeiten per Zug, Auto, Fernbus, Regionalbus und Schiff.

MIT DEM FLUGZEUG

Der Athener Flughafen hört auf den Namen Eleftherios Venizelos und befindet sich in einer Entfernung von 27 km in östlicher Richtung vom Zentrum. Der moderne Flughafen öffnete im Jahr 2001 und erleichterte das Reisen nach Griechenland und Athen erheblich. Die Metro fährt jede halbe Stunde ab der Metrostation Monastiraki und die Fahrtdauer beträgt etwa 45 Minuten. Die letzte Metro von Monastiraki Richtung Flughafen fährt gegen 23:30 Uhr.

Vom Flughafen fährt ein Flughafenbus mit der Bezeichnung X95 im 24-Stundenbetrieb an allen Tagen im Jahr vom Flughafen zum Syntagma-Platz und umgekehrt. Der Fahrpreis beträgt 6 € in eine Richtung und die Fahrzeit beträgt etwa 50 Minuten.

Die Fahrtickets erhalten Sie am Flughafenkiosk, die Rückfahrkarten gibt es an einem Kiosk am Syntagma-Platz oder Sie kaufen ein Ticket beim Fahrer, falls Sie mitten auf der Strecke zusteigen. Die Standardfahrscheine sowie Tages- und Wochenendfahrscheine haben in den Flughafenbussen keine Gültigkeit. Die Fahrscheinentwertung erfolgt immer im Bus.

Der Flughafen von Athen dient als Drehkreuz der Ägäis, des Ostmittelmeers und des Balkans. Die Fluggesellschaften Olympic Airways und Delta fliegen ohne Zwischenstopp nach Nordamerika und Fluggesellschaften aus anderen europäischen Ländern bieten diese Flüge ebenfalls an. Die Fluggesellschaft Aegean Airlines bietet zahlreiche Inlandsflüge und Flüge in viele europäische Reiseziele an.

MIT DEM ZUG

Eine Zugreise nach Athen führt über den Balkan. Heutzutage gilt diese Strecke als sicher und sie ist eine der schönsten Zugstrecken in Osteuropa. Wenn Sie gern mit dem Zug fahren, sollten Sie im Rahmen einer Rundreise durch Osteuropa bis Athen eine Fahrt durch den Balkan wählen. Verglichen mit den Flugpreisen in diesem Gebiet ist eine Zugreise nach Athen wesentlich günstiger, aber dauert länger.

Die Peloponnes-Eisenbahn verkehrt zwischen Patras und Athen. Diese Eisenbahn ist eine Schmalspurbahn, die den Pendelverkehr zwischen den beiden Städten organisiert und dabei durch eine wundervolle Landschaft führt. So werden Sie auf Ihren Aufenthalt in Griechenland eingestimmt. Die Eisenbahn hält auch in Piräus und so können Sie weiter nach Athen fahren, falls Sie mit der Fähre unterwegs waren.

MIT DEM FERNBUS

Der Fernverkehr wird von der Busgesellschaft KTEL angeboten. Athen verfügt über zwei Fernbusterminals (Terminal A und Terminal B), welche die Fahrgäste in die ferneren Regionen bringen.

Terminal B liegt ein wenig versteckt innerhalb eines Wohngebietes. Sie erreichen es ausgehend von der Metrostation Attiki in etwa 20 Minuten zu Fuß, aber Sie können auch einen Bus nehmen (Liniennummern 024, 710 und andere direkt an der Metrostation am Ausgang der Straße Liossion). Die Fahrzeit mit der Metro vom Syntagma-Platz und dem Bus zum Terminal B beträgt etwa 30 Minuten. Sagen Sie dem Busfahrer, wo Sie aussteigen wollen. Den Fahrschein erhalten Sie am Schalter im Terminal.

MIT DEM REGIONALBUS

Die Regionalbusse starten von einem Busterminal nahe der Metrostation Victoria. Es befindet sich etwa drei Blocks nördlich des Archäologischen Nationalmuseums an der Ecke eines Parks. Steigen Sie einfach zu, denn der Fahrkartenverkauf erfolgt während der Fahrt im Bus.

MIT DEM SCHIFF

Das Schiff ist eine weitere Anreiseoption nach Athen. Verschiedene europäische Länder bieten regelmäßige Schiffsverbindungen nach Athen an. Die Fähren legen in diesem Fall im alten Hafen von Piräus an. Viele Fähren fahren in Italien (Bari, Ancona oder Venedig) ab und kommen in Patras an. Die Fährverbindung nach Patras wird sehr empfohlen. Sie sollten sich auf jeden Fall an eine sichere Reederei wenden, die international operiert.

Der Hafen von Piräus liegt in 8 km Entfernung vom Stadtzentrum Athens. Sie erreichen ihn mit Bus und Metro. Am Hafen gibt es Möglichkeiten zur Aufbewahrung von Gepäck, Restaurants, Bars, eine Geldwechselstube, eine Bank, Taxis und Weiteres. Verschiedene Reiseanbieter bieten Linienverbindungen aus bekannten Hafenstädten wie Kreta (Griechenland), Istanbul (Türkei) oder Bari (Italien) an. 80 km weiter weg im Osten liegt der Hafen Rafina, von dem Schiffe in die Ägäis reisen. Der Hafen von Piräus liegt im Südwesten und ist ein beliebter Abreiseort für Schiffsreisen nach Italien.

Zwischen Piräus und Athen fahren Busse und die Metro, sodass Sie aus mehreren Fahrmöglichkeiten wählen können. Touristen, die mit dem Auto oder dem Wohnmobil reisen, lieben die Fährverbindungen besonders. Auch eine Fahrt über Land, ganz ohne Schiff, ist heute kein Hexenwerk mehr. Die Balkanregion ist mittlerweile sicher und die Straßen sind größtenteils in hervorragendem Zustand. Sie müssen in diesem Fall nur mehr Zeit einplanen, da Sie mehrere Ländergrenzen passieren.

Bewohner, Sprache, Gebräuche

In Athen leben mehr als 4 Millionen Menschen. In dieser Stadt herrscht authentisches Leben und Sie können bei Bedarf einen Einblick in das griechische Alltagsleben weitab von Touristenattraktionen bekommen.

In Griechenland und somit auch in Athen herrscht seit der Finanzkrise immer wieder einmal Unmut. Es kommt zum Beispiel regelmäßig zu Streiks der Metro- und Busfahrer. In diesem Fall bleibt Ihnen noch das Taxi. Die Taxifahrer werden Ihnen wahrscheinlich interessante Geschichten erzählen, wie zum Beispiel von korrupten Politikern, der Notwendigkeit, mit fast 70 Jahren noch zu arbeiten, von hohen Steuern sowie von der Abhängigkeit von Importen.

So erhalten Sie einen Einblick in die Alltagssorgen vieler Griechen. Griechenland steht schlecht da und die Griechen drücken ihre Unzufriedenheit aus. Wenn Sie sich mit Einheimischen unterhalten und mit offenen Augen durch Athen gehen, werden Sie auch die anderen Aspekte abseits der glorreichen Seite kennenlernen, die den Touristen stets gezeigt wird.

Abseits der Prachtstraßen und Sehenswürdigkeiten werden Sie auch heruntergekommene Stadtviertel entdecken. Das tolle Flair der Akropolis ist nicht in der ganzen Stadt zu finden. Die Griechen lassen sich aber nicht unterkriegen, denn überall gibt es zum Beispiel kleine Bäckereien und Geschäfte, ebenfalls außerhalb der Touristenorte.

Die Athener sprechen, trinken, essen und rauchen quer durcheinander, ein wirkliches Rauchverbot in Cafés, Bars und Restaurants gibt es nicht. Die Plätze sind meist komplett besetzt. Athen ist eine Stadt, die mit Leben gefüllt ist, und die Menschen sind sowohl am Tag als auch in der Nacht in den Cafés. Es wird gelacht, gefeiert und miteinander gesprochen. Rundum herrscht ein buntes Treiben, sodass sich einige Urlauber verwundert die Augen reiben. Das Leben findet auf den Straßen statt und so manch einer fragt sich, ob es wegen oder mit der Wirtschaftskrise ist.

Die Sprache der Griechen ist lebendig und bisweilen hitzig. Die Sprache des Neugriechischen ist heute etwas einfacher als das Altgriechisch, da zum Beispiel die Akzente zu einem Einzigen zusammengefasst wurden. Man könnte manchmal denken, die Leute brüllen sich an oder streiten, dem ist aber in vielen Fällen nicht so. Griechen machen sich einen Spaß daraus, sich das ein oder andere Schimpfwort an den Kopf zu werfen.

Der Athener trinkt am liebsten einen klassischen Frappé oder den moderneren Freddo Cappuccino. Dabei handelt es sich um starken schwarzen Kaffee, beim Frappé ist es Nescafé-Pulver, welches mit Milch aufgeschäumt wird, beim Freddo Cappuccino wird Espresso mit kaltem Milchschaum gemischt. Eiswürfel sind in beiden Getränken ein Muss. Die Bedienung fragt bei der Bestellung, wie viel Zucker Sie möchten. "Medium" ist eine gute Wahl, "ohne Zucker" wird in der Regel ein Stirnrunzeln ernten. Viele Athener verbringen mehrere Stunden im Café und füllen ihren Frappé mehrmals mit Wasser wieder auf. Zu jedem Kaffee gibt es kostenlos ein großes Glas Wasser dazu.

Das Getränk ist sehr stark, sodass es verdünnt werden kann, ohne an Geschmack zu verlieren. Das ist vor allem praktisch für den kleinen Geldbeutel, wenn man dennoch am sozialen Leben teilnehmen möchte. Athener halten es nicht zu Hause aus, sie verspüren den Drang, ins Café zu gehen und sich gegenseitig mit Sarkasmus über die Situation zu ermutigen.

Wenn Sie in Athen und in anderen Regionen Griechenlands sind, werden Sie das Gefühl haben, dass es in vielen Situationen etwas länger dauert, als man es hierzulande gewohnt ist. Die Leute lassen sich nicht von Stress und Hektik ärgern, selbst, wenn sich lange Schlangen bilden. Das mag zwar nicht förderlich für die Wirtschaft des Landes sein, dafür aber umso mehr für die Nerven, wenn man damit umgehen kann.

So ist das Leben in Athen

EINKAUFEN

Ein gern von Touristen besuchter Einkaufsort ist Emporiko Trigono, ein beliebtes Handelsdreieck, welches den Syntagma-Platz, den Omonia-Platz und Monastiraki verbindet. Hier können Sie alles Mögliche bekommen, von Billigartikeln aus Asien bis hin zu teuren Luxusartikeln und Markenwaren.

Allerdings nehmen die Billigartikel immer weiter zu. Die Läden haben zu stark unterschiedlichen Zeiten geöffnet, manche sogar bis 21:00 Uhr, was vielen Touristen sehr gefällt. Zu bedenken ist, dass die Mittagspause (Siesta) in Griechenland oft zwei Stunden dauern kann, zum Beispiel von 13:30 bis

15:30 Uhr. Andere Läden verzichten auf die Mittagspause und öffnen bis 19:00 Uhr, am Samstag bis 14:00 Uhr. Große Handelsketten finden Sie vorwiegend in den Außenbezirken, zum Beispiel Praktiker oder IKEA. Im Stadtteil Spata gibt es ein sehr großes Einkaufszentrum mit Outlet.

Plaka
Die Plaka ist die Athener Altstadt, welche direkt nördlich der Akropolis liegt. Die engen Gassen sind voller Touristenshops und Trödelkram, wobei Ladenschlussgesetze scheinbar ein unbekanntes Wort sind. Im Anschluss an eine Einkaufstour können Sie sich in einem der zahlreichen Restaurants und Cafés am Straßenrand stärken.

Ermou
Die Ermou ist die Fußgängerzone, in der es viele Markengeschäfte gibt. Sie verläuft vom unteren Syntagma-Platz und zieht sich bis Monastiraki. Die Parallelstraße Mitropoleos zählt ebenfalls als Spitzenlage.

Kolonaki

Die Kolonaki erstreckt sich vom Syntagma-Platz nördlich vom Parlament in Richtung Osten zur Sofiastraße. Sie entdecken eine feine Gegend mit vielen Institutionen und Botschaftsgebäuden. Im Norden der Sofiastraße gibt es zahlreiche Designerläden, Boutiquen und andere Geschäfte. Sie erreichen außerdem den Hügel Lykavittos, der Ihnen eine wunderschöne Aussicht bietet.

Marousi

Die Marousi kann als Mall bezeichnet werden, ähnlich wie in den USA oder in einigen deutschen Städten. Diese befindet sich nahe dem Olympiastadion und ist leicht mit der Metrolinie 1 erreichbar. Sie steigen an der Metrostation Neratziotissa aus und können vom Bahnsteig aus direkt eine Brückenüberquerung zur Mall nutzen.

Kioske

Früher waren die Kioskhäuschen in Athen mit Zigarettenreklame beklebt, was seit der Olympiade im Jahr 2004 nicht mehr der Fall ist. Heutzutage sind die Kioskbuden in der Regel in hellem Braun gehalten. Sie finden in jedem Stadtviertel mindestens einen Kiosk, der bis in die Nachtstunden geöffnet ist. Das Kiosksortiment ist recht groß und preiswert.

Gegen den Durst können Sie dort eine Flasche Wasser mit 0,5 Litern Inhalt für 0,50 € kaufen.

TYPISCHE KÜCHE

Die typische griechische Küche besteht vor allem aus Oliven, Bohnen, Pastizio, Huhn, Lamm, Kalb, Bifteki, Souvlaki, Moussaka, gefüllten Tomaten, griechischem Salat, Ofenkartoffeln, Pommes Frites, Feta, Ziegenkäse und anderem Käse.

Restaurants
In Athen finden Sie eine Unmenge an Restaurants, Bistros, Cafés und Fastfood-Lokalen, in denen Sie nicht nur die griechische Küche, sondern auch viele weitere internationale Speisen genießen können.

Trinkgeld
Falls das Trinkgeld nicht bereits im Rechnungsbetrag enthalten ist, ist eine Trinkgeldsumme von 10 Prozent der Rechnungssumme üblich, andernfalls wird aufgerundet. Besonders höflich ist es, das Geld auf dem Tisch liegen zu lassen oder es direkt der Bedienung zu übergeben.

NACHTLEBEN

Athen bietet viel Spaß in Sachen Ausgehen. Das Wetter ist lange warm, die Griechen feiern gern und die Auswahl an Clubs ist vielfältig. Athen sprüht vor Leben, da Sie viele Leute zu allen Zeiten auf der Straße sehen können.

Beliebte Ausgehviertel

<u>Psirri</u>

Psirri ist ein Stadtviertel, in dem ein reges Nachtleben herrscht.

Sie erreichen es einfach mit der Metro (Ausstieg an der Metrohaltestelle Monastiraki). Die Alternative ist ein Spaziergang vom Syntagma-Platz durch die Fußgängerzone Ermou. Dabei gelangen Sie automatisch zur Metrostation Monastiraki. Besonders interessant ist die Gegend südlich von Monastiraki, der Bereich zwischen Monastiraki, Thiseio etwas weiter im Westen, Plateia Iroon im Norden von Monastiraki sowie der Straße Aioloy im Nordosten von Monastiraki. Es gibt etwas weiter in der Peripherie auch die bekannten Großraumdiscos, die sich in den meisten Ländern Europas ähneln. Psirri bietet Restaurants, Lounge-Bars, Musiktavernen und mehr.

Glyfada

Junge Leute stürzen sich gern im Stadtteil Glyfada ins Nachtleben. Dort gibt es viele Bars und Clubs, die Sie ausgehend vom Syntagma-Platz mit der Tram innerhalb von einer Stunde erreichen. Der Ausstieg erfolgt an der Tramhaltestelle Paralia Glyfadas.

Exarchia

Ein Geheimtipp ist der Stadtteil Exarchia, in dem sich die Universität befindet. Dort leben vorwiegend Studenten sowie Künstler, teilweise in besetzten Häusern. Sie finden dort einige Cafés, Straßenkunst und eine alternative Lebensart, mit der Lage in Griechenland umzugehen.

ARBEITEN

Wer eine hohe Bevölkerungsdichte und das Chaos in der Großstadt Athen nicht gewohnt ist, wird sich möglicherweise verwundert die Augen reiben. Genau diese Tatsachen werden von vielen Einheimischen und Wahlathenern als äußerst vorteilhaft empfunden. In den jeweiligen Vierteln ist es für die Einwohner sehr leicht, Leute kennenzulernen und neue Kontakte aufzubauen. Die Athener pflegen einen offenen Umgang mit ihren Mitmenschen und aus diesem Grund zieht es auch zahlreiche Nichtgriechen nach Athen, auch, wenn die Verdienstmöglichkeiten abgenommen haben oder schwieriger geworden sind.

SICHERHEIT

Die Athener sind in der Regel sehr mit ihrem Stadtviertel verbunden und davon gibt es sehr viele, die eher klein sind. Vielleicht ist das auch der Grund dafür, dass sich bisher keine großen Slums gebildet haben. In diesen kleinen Vierteln kennen sich die Menschen, begrüßen sich und tauschen ein paar Worte aus. Zahlreiche Athener verbringen ihr gesamtes Leben in ihrem angestammten Viertel und gehören dort zum Leben. In vielen Vierteln können Sie nachts ohne Bedenken die Straße entlanggehen.

Auf der Straße Sygrou befinden sich in stadtauswärtiger Richtung (Kallithea) sehr viele Bordelle. Die Leute gehen deshalb gern durch die Viertel, die abseits der Straße liegen, damit sie nicht von den Türstehern belästigt werden. Diese sind für potenzielle Kunden zwar keine Gefahr, können aber aufdringlich sein. Nach ein paar deutlichen und bestimmten Worten sind sie still.

Das griechische Leben findet sowieso bis in die Nacht hinein statt, deshalb sind viele Straßen immer belebt. Wenn Sie sich nachts doch einmal verirren, können Sie die Einheimischen nach dem Weg zum Syntagma-Platz fragen oder eines der preisgüns-tigen Taxis nehmen und von dort aus weiter um die Häuser ziehen.

Der Omoniaplatz und der Bahnhof haben während der Nachtstunden nicht den besten Ruf. Diese Gegend ist verglichen mit anderen Stadtvierteln nicht besonders attraktiv. Dazu tragen auch Taschendiebstahl und Drogenhandel, eben typische Vorkommnisse im Bahnhofsviertel, bei.

Die Metro, die in vielen Städten normalerweise nicht als besonders sicherer Ort gilt, wurde mit Rücksicht auf Sicherheit geplant. Glücklicherweise ist dies recht gut gelungen. Egal, wie man der Überwachung durch Kameras gegenübersteht, die Athener Metro hat in Sicherheitsfragen einen guten Ruf. Sie kann während der Nachtstunden nicht betreten werden.

GESUNDHEIT

Die Gesundheitsversorgung in Athen genießt einen guten Ruf. Dort sind genügend Ärzte aller Fachbereiche ansässig. Es gibt ebenfalls ausreichend Krankenhäuser, wie man es von anderen Metropolen Europas erwartet. Apotheken sehen in manchen Fällen verfallen aus, das liegt daran, dass die Apotheker um einiges weniger verdienen als in Deutschland.

Alle Medikamente sind innerhalb einer kurzen Zeit verfügbar, da es auch in Athen einen Arzneimittellieferdienst gibt. Falls ein Arzneimittel nicht unter einem bestimmten Markennamen verfügbar ist, gibt es immer ein alternatives Medikament mit einer anderen Bezeichnung. Arzneimittel sind in Athen und ganz Griechenland äußerst günstig, so lohnt es sich, sich von klassischen Medikamenten wie Ibuprofen oder Aspirin einen Vorrat zuzulegen.

PRAKTISCHE TIPPS

Es ist keine Selbstverständlichkeit, dass alle Taxifahrer Englisch verstehen. Vor allem, wenn Sie in die Außenbezirke Athens fahren möchten, ist ein Stadtplan empfehlenswert, um das Fahrtziel deutlich zu machen. Straßenbezeichnungen sind nicht in jedem Fall ausreichend, weil es in anderen Stadtteilen ebenfalls Straßen mit dem gleichen Namen gibt. Auf den Straßenschildern sind häufig sowohl die griechische Schreibweise als auch verschiedene lateinische Varianten vermerkt. Ein Beispiel ist die Straße Αἰόλου, die auf Latein als Aiolou sowie als Eolou bezeichnet wird.

In Athen und im gesamten Griechenland gibt es nur sehr wenige öffentliche Toiletten. Wenn Sie die Notdurft plagt, ist es ratsam, in einem Café etwas Kleines zu bestellen. Die meisten Restaurants und Cafés verfügen über kostenloses W-LAN, ebenso wie viele Hotels.

Die Griechen sind meist sehr höflich und zuvorkommend, wenn sie mit ein paar einfachen griechischen Worten angesprochen werden. Sie freuen sich sehr über ein nettes "Jassas" als Gruß. Wenn die Person, beispielsweise ein Kellner, beginnt, mit Ihnen auf Griechisch sprechen zu wollen, weisen Sie freundlich darauf hin, dass ein Gespräch auf Englisch einfacher ist.

Seit Ausbruch der Finanzkrise müssen die griechischen Händler für jeden Warenverkauf sowie jede Dienstleistung eine Quittung ausstellen. Wundern Sie sich also nicht, wenn Sie für den Kauf von Süßigkeiten am Kiosk eine Quittung erhalten. Bei höheren Geldbeträgen ist es wichtig, eine Quittung zu verlangen, um zu verhindern, dass der Geschäftsinhaber keine Steuern hinterzieht. Wenn die Ausstellung der Quittung verweigert wird, müssen Sie ganz legal den Kaufpreis nicht entrichten.

Ausflugstipps

Das I-Tüpfelchen jedes Athenbesuchs ist die Besichtigung der Akropolis. Sie diente einst als Stadtbefestigung des antiken Athens. Heute sind zwar nur noch Ruinen übrig, aber trotzdem ist die Akropolis ein absolutes Muss.

Die berühmte griechische Geschichte ist in Athen bis heute spürbar und es gehört dazu, sich während eines Aufenthaltes mit ihr zu beschäftigen. Die Historie ist besonders sichtbar, wenn Sie sich die Hadriansbibliothek, die Plaka, die Agora oder das Kloster von Daphni ansehen.

Die bedeutungsvollsten Athener Bauten und Sehenswürdigkeiten stammen aus der Zeit der Antike. Es ist einem vorausschauenden Stadtplaner und

Architekten zu verdanken, dass nach der Verlegung des Königspalastes und des Regierungssitzes Griechenlands nach Athen im Jahre 1834 einige Areale um die historischen Bauwerke freigehalten wurden. Dadurch ist Athen heute eine grüne Lunge und ein beliebtes und sehenswertes Zeugnis der Geschichte befindet sich im Archäologischen Nationalmuseum in Athen.

AKROPOLIS

Die Akropolis ist wohl die berühmteste Sehenswürdigkeit in Athen. Akropolis heißt Oberstadt und sie liegt auf einem Felsen von ungefähr 160 m Höhe. So thront die ehemalige Stadtfestung als Ruine über der Stadt. Das Bauwerk ist die am häufigsten besuchte Sehenswürdigkeit Athens und während der Sommerzeit von Touristenmassen bevölkert. Kein anderer Ort Griechenlands kann die Historie so gut widerspiegeln wie dieser.

Die Akropolis wurde ungefähr 467 v. Chr. erbaut und der griechischen Göttin geweiht. Athene verkörperte die Kriegsgöttin sowie die Göttin der Kunst und Wissenschaft. Die Stadt wurde nach ihr benannt und sie ist die Schutzpatronin Athens. Heute ist man der Auffassung, dass der Name Athene die

Bedeutung "Mädchen aus Athen" trägt. Diese Figur dominiert die Akropolis, was eindrücklich anhand der Statue der Athene sowie an vielen anderen Statuen und Standbildern ersichtlich ist.

Heute besteht die Akropolis aus Ruinen von 21 Baumonumenten. Der größte Teil davon sind Tempel, die zur Ehrung verschiedener Götter errichtet wurden. Im Griechenland der Antike war die Akropolis ein Heiligtum, wo die Hohepriester rituelle Zeremonien zur Verehrung der Götter abhielten.

Bei der Akropolis sind weitere sehenswerte Bauwerke zu bewundern, beispielsweise der Niketempel, der Parthenon oder die Propyläen, welche einst ein Eingangstor zur Akropolis bildeten. Besonders gut erhalten ist das Erechteion, ein Tempel zu Ehren der Athene.

Laut Legende soll sich in diesem der Ölbaum Athenes sowie das Grab eines Königs befinden. Es fallen vor allem die besonderen Säulen auf, die die Figuren von Mädchen darstellen, sowie der Innenbereich, in dem die alte griechische Baukunst gut nachvollzogen werden kann.

Auf der Akropolis können Sie außerdem das Dionysostheater anschauen. Der Gott Dionysos steht für ein ausschweifendes Leben und Weingenuss. Im alten Griechenland war es ganz normal, Theater nach diesem Gott zu benennen. Dieses Theater ist ein Amphitheater, welches bis heute die steinernen Tribünenplätze beinhaltet. Das Parthenon ist das kulturelle Zentrum der Akropolis, welches von allen Bauten am besten erhalten ist.

Sehr eindrucksvoll sind die überall angebrachten Verzierungen, die sich in sehr gutem Zustand befinden. Dieses Bauwerk vermittelt die Kunst der Antike sehr gut, denn an dem Bauwerk sind viele einzigartige Friese vorhanden, die die griechische Mythologie und Historie darstellen, wie den Krieg von Troja.

Der Lauf der Zeit und vergangene Restaurationsarbeiten haben ihre Spuren hinterlassen. Heute finden noch immer Restaurationsarbeiten statt, die dabei helfen sollen, Schäden aus mangelhaften Restaurationsversuchen abzumildern oder zu beheben.

SYNTAGMA-PLATZ

Der Syntagma-Platz bedeutet Platz der Verfassung. Er entstand, als zwischen 1834 und 1838 das Schloss des Königs Otto I. errichtet wurde, welches seit 1935 der griechische Parlamentssitz ist. Vor dem Parlament können Sie sich das Grab des unbekannten Soldaten ansehen, welches bei Tag durch die Evzonen bewacht wird, die damals als königliche Leibgarde dienten und heute als Präsidialgarde fungieren.

Ein Evzone muss mindestens 1,80 m groß sein und die Bekleidung besteht aus einer Uniform, die den traditionellen Trachten des Balkans ähnlich ist. Es gibt Winter-, Sommer- und Galauniformen. Die Evzonen müssen während ihrer Wache unbeweglich stehen und sind ein beliebtes Fotomotiv für Touristen. Ein Höhepunkt ist die Wachablösung der Evzonen, die immer zu jeder vollen Stunde stattfindet. Immer sonntags um kurz vor 11:00 Uhr gibt es die große Wachablösung, bei der auch eine Marschkapelle sowie ein Fahnenkommando teilnimmt.

ODEON DES HERODES ATTICUS

Das Odeon des Herodes Atticus ist das dritte Odeon Athens nach dem Odeon des Pausianas sowie dem Odeon des Perikles. Herodes Atticus widmete das Theater in Gedenken seiner Frau Regilla und verschenkte es 161 n. Chr. an seine Heimat. Ab diesem Zeitpunkt breitete sich die Odeon-Bauform auch außerhalb Athens aus, zum Beispiel in Rom.

Das Odeon fand Erwähnung in der Beschreibung Griechenlands des Schriftstellers Pausianas. Im Jahr 267 n. Chr. plünderte der Germanenstamm der Heruler das Theater und dabei wurde auch das Dach zerstört, welches bis heute nicht rekonstruiert wurde. Während des 19. Jahrhunderts wurden großangelegte Ausgrabungen durchgeführt. Dieses Odeon ist das älteste existierende Odeon der antiken Zeit, es ist noch älter als das sizilianische Odeon von Catania.

In der neueren Zeit diente das Odeon als beliebter Veranstaltungsort, obwohl es andere ähnliche Theater gibt, wie jenes auf dem Lykavittos. Künstler wie Mikis Theodorakis oder Maria Callas traten hier auf. Die Sängerin Nana Mouskouri gab ein Konzert und Yanni nahm ein Live-Album auf. Das Theater ist zwar nicht mehr die wichtigste Bühne, da die

Akustik in anderen Sälen besser ist, aber im Sommer ist es weiterhin der bevorzugte Aufführungsort. Das kommt auch daher, weil das Odeon eine offene Bauform aufweist.

HADRIANSBIBLIOTHEK

Die Hadriansbibliothek ist eine sehr bekannte Athener Sehenswürdigkeit. Heute sind zwar nur noch Ruinen des damaligen Prachtbaus vorhanden, aber es ist dennoch ein sehr bedeutsames antikes Bauwerk.

Die Bibliothek ist ein Teil der Akropolis, welche die Stadt Athen überragt. Die Hadriansbibliothek ist heutzutage ein Zentrum der Altstadt von Athen. Die Bibliothek ist nicht ständig geöffnet, was an regelmäßigen Restaurationsarbeiten liegt.

Die Hadriansbibliothek wurde während des 2. Jh. n. Chr. durch den Römerkaiser Hadrian eröffnet. Sie war die größte Athener Bibliothek und beinhaltet verschiedene Lesesäle, welche vollständig verfallen sind. Die ursprüngliche Anlage muss von sehr großem Ausmaß gewesen sein, denn es wurde in dieser Zeit von der Universität Athens gesprochen. Es wurden 2 Hörsäle, 2 Lesesäle, 4 Bibliotheksräume und einige Innenhöfe erbaut.

Von dieser Bibliothek sind nur noch Ruinen verblieben, sodass kaum eine konkrete Aussage über dieses Bauwerk in der Athener Blütezeit getroffen werden kann. Es ist aber klar erkennbar, dass hier keine Rituale abgehalten wurden, wie es in anderen ähnlichen Bauwerken der Fall war.

Dieser Ort war der Kultur und Wissenschaft gewidmet, auch der Stifter Kaiser Hadrian war ein Liebhaber der Künste. So verfasste er Gedichte und beendete den Bau eines Athener Zeustempels.

Für die frühere Zeit waren die Bemessungen des Bibliotheksgeländes riesig. Schätzungsweise gab es damals 3 Etagen und die Bibliothek umfasste eine Sammlung von mehr als 60.000 Schriftrollen. Anhand der Bauart ist erkennbar, wie bedeutend es für Kaiser Hadrian war, die Schriftrollen zu erhalten, denn das Gelände war einst von einer robusten Brandschutzmauer umgeben.

Der Eingangsbereich wurde aus feuerresistentem Marmor gefertigt. Dass ein römischer Kaiser eine solche Bibliothek in Griechenland errichten ließ, weist darauf hin, dass Hadrian den Griechen gegenüber wohlgesonnen war und er wollte, das Land aufblüht. Es wird vermutet, dass er im zentralen Bereich der Bibliothek einen Kaisersaal einrichten ließ. Das ist zwar nicht belegbar, allerdings ist die

Lagerungsweise der Schriftrollen sowie die Regalanordnung ein möglicher Hinweis darauf.

HAFEN VON PIRÄUS

Der Hafen von Piräus ist der größte Seehafen in Griechenland und gleichzeitig einer der größten im mediterranen Raum. Er ist mit etwa 18,6 Millionen Fahrgästen im Jahr 2014 der größte Passagierhafen in Europa. Im Jahr 2016 erfolgte ein Umschlag im Wert von über 3,6 Millionen Euro und im Jahr 2014 war der Hafen das achtgrößte Containerterminal in Europa und landete weltweit auf dem 39. Platz.

Der Hafen von Piräus befindet sich am Saronischen Golf, der zur Ägäis gehört, und ist 8 Kilometer von Athen entfernt.

Griechenland ist eine bedeutende Schifffahrtsnation und dieser Hafen hat eine herausragende Bedeutung, die sich auch in Kulturgut widerspiegelt, zum Beispiel in Liedern.

Im Zusammenhang mit der Handelsschifffahrt wurde eines der vier übriggebliebenen Liberty-Schiffe aus den USA gekauft, welches mit Stiftungsgeldern restauriert wurde, um die Wiederherstellung der Flotte Griechenlands nach dem Jahr 1945 in Erinnerung zu rufen. Dieses Schiff steht heute neben anderen geschichtsträchtigen Schiffen im Schiffsmuseum Trokadero Marina.

AGORA

Die Agora zeigt ein deutliches Beispiel der antiken griechischen Bauweise. Agora bedeutet Marktplatz und dient als Handelsplatz für Waren. Zur damaligen Zeit versammelte sich hier die Stadt samt Regierung und Umgebung. Die Agora diente ebenfalls als Versammlungsort für die Bürger und als Gerichtsplatz. Athen hat neben der Athener Agora auch die römische Agora. Das Dionysostheater wurde damals als Agora geplant und erst nach 330 v. Chr. in ein Theater verwandelt, was beweist, dass die Agora immer ein Platz der Menschen Griechenlands war. Sie wurde vielfältig genutzt und stand nicht nur dem Adel zur Verfügung.

Die Agora in Athen besitzt noch gut erhaltene Straßen, Bauwerke und Säulen und wirkt sehr eindrucksvoll. Das Gebiet der Agora ist ein einmaliger Ort und erstreckt sich auf einer Fläche von 120 Quadratmetern. Hier stehen berühmte Bauwerke wie der Arestempel oder der Hephaistostempel. Daneben gibt es viele Säulenhallen, Ruinen von Kultur- und Verwaltungsgebäuden sowie Sakralgebäude.

Heute ist nicht mehr ersichtlich, dass die Agora zu Beginn der Jungsteinzeit eine Begräbnisstätte war.

Die Straße Panathenaia führt durch die Agora. Anfangs war dieser Weg lediglich notdürftig gebaut, der Rinnstein folgte zum Beispiel erst ein paar Jahrhunderte später. Als die Agora ihre Blütezeit hatte, war es zum einen ein Verkehrsweg und zum anderen wurden hier Wettkämpfe ausgetragen sowie Paraden und Prozessionen aufgeführt. Am Straßenrand konnten Tribünen aufgestellt werden.

Wenn Sie der Panathenaia folgen, sehen Sie viele Sehenswürdigkeiten, wie den Pantheon, das Münzgebäude, den Zwölfgötter-Altar und die Säulenhalle Basileos. Aufgrund des guten Zustandes der Gebäude bekommen Sie einen guten Einblick in das antike griechische Leben.

Einen Beitrag dazu leisten auch die zahlreichen Funde und Ausgrabungen über viele Epochen hinweg. Es beginnt in der Jungsteinzeit und geht bis hin zur Einführung der griechischen Demokratie. Sie können einige Alltagsutensilien der damaligen Menschen sowie wichtige Ausgrabungsstücke, wie beispielsweise eine Wählmaschine, der Antike sehen.

Ein Besuch der Agora ist allein wegen der Nähe zur Akropolis lohnenswert. Im Jahr 1950 wurde die Attalos-Säulenhalle wieder erbaut und beinhaltet das Agora-Museum. Die Ausstellungsstücke sind zum Beispiel Vasen der Antike oder Spielzeug aus Ton. Hinter der Agora befindet sich der Tempel des Hephaistos, auch Theseion, auf einer Anhöhe. Er zählt zu den besterhaltenen Tempeln griechischer Bauart. Er diente lange Zeit als christliche Kirche, bis Athen unter König Otto I. zur griechischen Hauptstadt wurde.

Öffnungszeiten des Museums:

Sommersaison: täglich von 08:00 bis 19:30 Uhr

Wintersaison: täglich von 08:30 bis 15:00 Uhr

Tipp: Wenn Sie eine Kombi-Eintrittskarte für die Akropolis kaufen, können Sie diese für den Museumsbesuch nutzen.

MUSEEN

In Athen können Sie zahlreiche Museen besuchen und dabei viele antike Exponate entdecken sowie die alte Handwerkskunst bestaunen.

Nationales Archäologisches Museum

Im Nationalen Archäologischen Museum können Sie mehr als 11.000 Ausstellungsstücke bewundern. Diese Anzahl macht dieses Museum zum größten archäologischen Museum Griechenlands. Das Bauwerk im klassizistischen Stil wurde in den Jahren 1866 bis 1889 erbaut und in der Zwischenzeit mehrfach an die aktuellen Gegebenheiten angepasst.

Die Exponate fallen in die Zeitspanne zwischen 6.800 v. Chr. und 400 n. Chr. und werden der alten Tradition gemäß zum größten Teil in Vitrinen aufbewahrt. Im Erdgeschoss sehen Sie Skulpturen aus Bronze und Metall, prähistorische Objekte sowie altägyptische Kunstobjekte. Im 1. Obergeschoss gibt es Fresken und antike Gemälde sowie Vasen und andere kleine Dinge. Im Kellergeschoss befinden sich Toiletten und ein Museumsshop. Das private Fotografieren ohne Blitzlicht ist gestattet. Die nächstgelegene Metrostation ist Victoria.

Öffnungszeiten:

Sommersaison:

Montag von 13:30 bis 20:00 Uhr, Dienstag bis Sonntag von 08:00 bis 20:00 Uhr

Wintersaison:

Montag von 13:30 bis 20:00 Uhr, Dienstag bis Sonntag von 08:30 bis 15:00 Uhr

Eintritt: 12 €, ermäßigt 6 €

Akropolis-Museum

Das Akropolis-Museum ist in einem modernen und eleganten Gebäude untergebracht. Die meisten Exponate sind Marmorskulpturen aus der Antike.

Öffnungszeiten:

Wintersaison:

Montag bis Donnerstag von 09:00 bis 17:00 Uhr

Freitag von 09:00 bis 22:00 Uhr

Samstag und Sonntag von 09:00 bis 20:00 Uhr

Sommersaison:

Montag von 08:00 bis 16:00 Uhr

Dienstag bis Donnerstag von 08:00 bis 20:00 Uhr

Freitag von 08:00 bis 22:00 Uhr

Samstag und Sonntag von 08:00 bis 20:00 Uhr

Eintritt: 10 € in der Sommersaison, 5 € in der Wintersaison

Byzantinisches und christliches Museum

Dieses Museum wurde im Jahr 1914 eröffnet und zählt zu den Nationalmuseen. Hier finden Sie mehr als 30.000 Ausstellungsstücke vom 3. Jahrhundert bis zur heutigen Zeit. Es ist erreichbar über die Metrostationen Syntagma-Platz oder Evangelismos.

Öffnungszeiten:
Sommersaison:
Montag von 13:30 bis 20:00 Uhr, Dienstag bis Sonntag von 08:00 bis 20:00 Uhr
Wintersaison:
Dienstag bis Sonntag 08:30 bis 15:00 Uhr

Eintritt: 4 €

Museum für kykladische Kunst

Das Museum ist auf vier Etagen verteilt. Auf der 1. Etage finden Sie Ausstellungsstücke der kykladischen Kultur, Etage 2 und 4 beherbergen Exponate der altgriechischen Kunst und Etage 3 beinhaltet die zypriotische Kultur. Sie erreichen das Museum per Metro über die Stationen Syntagma-Platz oder Evangelismos.

Öffnungszeiten:
Montag, Mittwoch, Freitag und Samstag von 10:00 bis 17:00 Uhr
Dienstag geschlossen
Donnerstag von 10:00 bis 20:00 Uhr

Benaki-Museum

Das Benaki-Museum ist ein Privatmuseum und zeigt Exponate von der Prähistorik bis hin zu Zeitgenössischem. Von diesem Museum existieren verschiedene Außenstellen.

Öffnungszeiten:
Montag, Mittwoch, Freitag von 09:00 bis 19:00 Uhr, Dienstag geschlossen, Donnerstag von 09:00 bis 24:00 Uhr, Sonntag von 09:00 bis 15:00 Uhr
Eintritt: 7 €, Donnerstag freier Eintritt

Numismatisches Museum

Das Numismatische Museum befindet sich im Gebäude Iliou Melathron, was einmal das Haus Heinrich Schliemanns war.

Im Haus ist ein barrierefreier Aufzug untergebracht. Sie erreichen dieses Museum über die Metrostation Syntagma-Platz.

Öffnungszeiten:

Sommersaison:

Montag von 13:30 bis 20:00 Uhr, Dienstag bis Sonntag von 08:00 bis 20:00 Uhr

Wintersaison:

Montag geschlossen

Dienstag bis Sonntag von 08:30 bis 15:00 Uhr

Eintritt: 7 €

Frissiras-Museum

Hier handelt es sich um das einzige Museum, welches zeitgenössische Gemälde ausstellt. In der privaten Sammlung befinden sich mehr als 3.000 Bilder von meist europäischen Malern. Das Museum ist über die Metrostation Syntagma-Platz erreichbar.

Öffnungszeiten:
Mittwoch bis Sonntag von 11:00 bis 17:00 Uhr
Montag und Dienstag geschlossen

Eintritt: 6 €

Hinweis: Die Eintrittspreise und Öffnungszeiten entsprechen dem aktuellen Stand, können sich aber jederzeit ändern.

AUSFLUGSMÖGLICHKEITEN

Nicht nur Athen bietet tolle Sehenswürdigkeiten, sondern auch die Umgebung der Stadt. Diese ist ebenso interessant und geschichtsträchtig wie Athen. Die meisten Ziele können Sie komfortabel per Bus oder Zug erreichen. Besuchen Sie das alte Kloster Daphni, das als UNESCO-Weltkulturerbe zählt. Hier zeugen einige Mosaike von der Geschichte.

Wenn Sie das urige Leben der griechischen Leute erleben möchten, können Sie die Inseln Ägina und Hydra besuchen. Die Insel Hydra befindet sich in 60 km Entfernung von Athen und die Besiedelung erfolgte um 1300 v. Chr. Die Insel vermittelt einen Eindruck vom Landleben Griechenlands. Hier gibt es enge Gassen aus einer kleinen Treppe, wo Sie die Sonne genießen können.

Die Insel Ägina verzaubert immer häufiger Touristen. Dort steht der Aphaia-Tempel, welcher eine Attraktion für Touristen ist. Die Insel ist voll von historischen Belegen. Es gibt eine alte Mauer sowie einen Apollontempel. In einem Museum können Sie die ausgegrabenen Funde der Insel bewundern. Sie können schöne Spaziergänge durch Weinberge, Olivenhaine und durch den Wald unternehmen.

Ein schöner Ort zur Entspannung ist Rafina, ein Fischerei- und Badeort. Sie sehen alte Fischer und malerische Plätze und Gässchen. In den Fischrestaurants gibt es den besten frischen Fisch der Region. Der Hafen des Ortes ist nicht groß, hat aber trotzdem eine wichtige Bedeutung für die anderen Inseln der Umgebung.

Der Poseidontempel am Kap Sounion

Dieser Poseidontempel befindet sich in der Region Attika. Hier bietet sich ein Halbtagesausflug mit einem Linienbus an, besonders am Nachmittag, wenn die Kraft für das Laufen schon nachgelassen hat. Die Hinreise erfolgt tagsüber jeweils halbstündlich am Regionalbusterminal in der Nähe der Metrostation Victoria.

Die Fahrzeit dauert etwa 1 Stunde und der Fahrschein kostet 6,30 € in einfacher Fahrtrichtung. Steigen Sie einfach in den Bus, denn der Fahrpreis wird im Bus entrichtet. Geben Sie dem Busfahrer ein Handzeichen, wenn Sie einsteigen wollen. Die Busse der KTEL haben meist einen Anstrich in orange und weiß. Auf einer Tafel am Kap Sounion steht, wann der Bus die Rückreise antritt. Neben dem Poseidontempel gibt es noch ein Restaurant.

Tagesausflug nach Delphi mit dem Linienbus

Der Bus der KTEL fährt gegen 07:30 Uhr am Busterminal B der KTEL ab. Der Fahrpreis beträgt 16,40 € für die einfache Fahrt. Sie erhalten den Fahrschein am Schalter des Terminals. Am besten, Sie kaufen den Rückfahrschein gleich dazu.

Die Fahrzeit beträgt etwa 3 Stunden, nach 2 Stunden erfolgt eine Rast an einem Hotel, in dem Sie sich mit einem Imbiss stärken oder auf die Toilette gehen können. Die Rückreise von Delphi erfolgt gegen 13:30 oder 16:30 Uhr. Die Rückfahrt um 13:30 Uhr ist kein Problem, wenn kein großes Besucheraufkommen in der Ausgrabungsstätte sowie im Museum vorherrscht. Sie können dem Busfahrer auch mitteilen, falls Sie an der Ausgrabungsstätte aussteigen möchten, denn so sparen Sie eine Viertelstunde Fahrzeit durch Delphi ein.

In Delphi reihen sich Hotels und Restaurants aneinander. Es ist sinnvoll, zuerst die Ausgrabungsstätte und anschließend das Museum zu besuchen, denn die Ausgrabungsstätte erfordert mehr Zeit.

Eintritt: Für Ausgrabungsstätte und Museum 12 € (Wintersaison 6 €)

Kulinarisches

Wenn Sie in Athen sind, wollen Sie bestimmt auch die griechischen Köstlichkeiten probieren. Die Auswahl an Cafés und Restaurant ist groß. Überlegen Sie sich, ob Sie ein eher teures Lokal im Touristenviertel bevorzugen oder eher eines abseits, wo es günstiger ist.

Traditionell speisen im Chrysa
Im Chrysa erwarten Sie tolle Vorspeisen, wie gebratener Zucchinikuchen (Kolokithokeftedes), Fava, gebratener Feta, ummantelt mit Filoteig und Honig, Keftedakia mit Joghurtsauce und Tomaten und Börek vom Stockfisch. Eine köstliche Hauptspeise ist gebackener Ziegenkäse, der mit Honig, Thymian und

Weißwein mariniert wird. Dieses Gericht wurde bereits in der Antike verzehrt. Wer es moderner mag, ist mit Hähnchenspieß (Kontosouvli) mit Ofenkartoffeln, Zwiebeln, Tomaten und Zaziki gut beraten. Köstlich ist die Grießspeise Halva mit einer Creme aus Pistazien sowie Karamell. Das passende Getränk ist ein offener Weißwein des Hauses.

Preis je Person: zwischen 15 und 30 €
geöffnet:
Dienstag bis Sonntag von 18:00 bis 24:00 Uhr
Anschrift: Eoleon 40 in Petralona
Erreichbarkeit: Metrolinie 1, Station Petralona

Fleischparadies Farma Bralou
Im modernen Stadtteil Kolonaki im Stadtzentrum gibt es das Farma Bralou mit traditionellen Speisen vom Grill. Das Grillgut wird auf Holz, Kohle oder auf Langspießen (Souvla) gegrillt.

Das Farma Bralou verwendet ausschließlich griechisches Fleisch aus Fthiodida. Vom Grillspieß kommen jeden Tag gewürzte Hähnchenschenkel (Kopanakia), Bauchspeck, Kalbsbruststücke sowie Lamm auf der Souvla, dem langen Grillspieß, und gegrillte Tomaten vom Kurzspieß. Weiterhin gibt es pikante Würste (Loukanika), Schweinefleisch von einheimischen Tieren an Auberginencreme (Melitzanosalata) und Rindfleisch von kleinen griechischen Rassen (Vrachikeratiki). Dazu werden Fetacreme mit scharfen Peperoni (Tirokafteri), Brot aus Maismehl und Butter (Bobota) sowie gebratener und gesalzener Sellerie mit Käse angeboten. Leckere Nachspeisen sind Zitronenkuchen (Lemonopita), zubereitet mit Zitronen aus Kalamata, sowie ein gefülltes Kuchendessert (Ekmek).

Preis je Person: zwischen 20 und 40 €
geöffnet:
Dienstag bis Samstag von 13:30 bis 24:00 Uhr
Sonntag von 13:30 bis 19:00 Uhr
Anschrift: Solonos 9 in Kolonaki,
im Yoleni's (1. Etage)
Erreichbarkeit: von der Metrostation Syntagma-Platz ungefähr 10 Minuten zu Fuß

Frischer Fisch in der Psarotaverna Psarokokalo

Frischfisch ist in den Athener Restaurants eher eine Seltenheit, meist gibt es Tiefkühlfisch. Der frische Fisch ist teuer und die Qualität ist nicht immer so, wie sie sein sollte. Wenn Sie Lust auf richtig frischen Fisch, direkt gefangen im Mittelmeer, haben, nehmen Sie ein Taxi nach Keratsini. Die Fahrkosten betragen ausgehend vom Zentrum ungefähr 20 €. Die Psarotaverna Psarokokalo bietet authentischen frischen Fisch aus der Pfanne oder vom Grill. Die Beilagen bestehen aus Salaten mit Bratkartoffeln, Tomaten, Auberginencreme und mehr. Die Bedienung empfiehlt Ihnen gern ein Menü.

Preis je Person: zwischen 20 und 40 €

Öffnungszeiten:

Dienstag bis Sonntag von 12:00 bis 24:00 Uhr

Anschrift: Viktoros Ougo 12 in Keratsini

Erreichbarkeit: Das Taxi ist die beste Wahl

Geheimtipp:

Die Gassen hinter dem Zentralmarkt sind ein nicht so beliebtes Viertel, hier gibt es aber bereits seit 1946 die Taverne Klimataria. Die Eigentümerin bereitet täglich authentische Traditionskost Griechenlands zu. Hier genießen Sie zahlreiche gekochte Speisen oder ein wunderbar zartes Fleisch. Dazu wird traditionelle Musik gespielt. Die Griechen tanzen häufig abends auf den Tischen. In den Tavernen gibt es kein Rauchverbot.

Anschrift: Plateia Theatrou
Erreichbarkeit: Metrostation Omonia

Übernachten

Ein Aufenthalt in Athen beginnt mit der Suche nach einer passenden Übernachtungsmöglichkeit, es sei denn, Sie buchen schon im Vorfeld eine Unterkunft. Athen ist ein Touristenmagnet, daher sind die Hotelpreise recht hoch. Für kleines Geld gibt es Jugendherbergen und private Unterkünfte. Es gibt auch die Option, eine Ferienunterkunft im Umfeld Athens zu suchen, diese sind preiswerter als die Hotels im Zentrum.

Die Auswahl an Hotels reicht von Bed & Breakfast-Hotels bis hin zu modernen Boutique-Hotels. Für Familien gibt es gemütliche Hotels und für die Reise zu zweit stehen Romantikhotels zur Auswahl.

360 Degrees Hotel

Dieses Hotel liegt am Monastiraki-Platz, mitten im Herzen von Athen. Der Trumpf ist die Cocktailbar auf dem Hoteldach, der Ihnen einen Rundumblick über die Stadt samt Akropolis bietet. Auf der Dachterrasse steht ein Olivenbaum, unter dessen Schatten ein Getränk noch besser schmeckt. Auch Nichthotelgäste sind in der Bar gern gesehen. Die Kafeteria öffnet bereits am Vormittag.

Das 360 Degrees ist in modernem Stil eingerichtet und die Farben der Zimmer sind neutral und unaufdringlich. Die Zimmer sind gemütlich und ruhig, in manchen haben Sie einen Blick auf die Akropolis.

Die Zentrumslage ist besonders positiv, denn mit der Metro kommen Sie schnell vom Flughafen zum Hotel. Sie können die antiken Stätten in kurzer Zeit zu Fuß aufsuchen, ebenso wie die Plaka und die Ermou zum Einkaufen.

Preis pro Übernachtung: ab 140 €

Athens Cypria Hotel

Dieses kleine gemütliche Hotel liegt 300 m entfernt vom Syntagma-Platz, genauer gesagt in einer Nebenstraße der Ermou. Bis zur Plaka oder zur Akropolis ist es ein Fußweg von nicht einmal 10 Minuten. Das lädt zum Bummeln und Stöbern ein.

Die Zimmer bieten in der Nacht einen Blick auf die Akropolis, die dann beleuchtet ist.

Preis pro Übernachtung: ab 80 €

Hotel Plaka

Das kleine Hotel liegt inmitten der Plaka, der Athener Altstadt. Zum Syntagma-Platz sind es 5 Minuten zu Fuß und nur unwesentlich weiter zur Metrostation Monastiraki. Das Hotel besitzt eine Dachterrasse mit Ausblick auf die Akropolis.

Der größte Teil der Zimmer verfügt über einen Balkon, der eine Aussicht auf den Lykavittos-Hügel, die Akropolis und die Plaka ermöglicht.

Hier gibt es ein sättigendes Frühstücksbuffet nach amerikanischer Art. Das Personal ist freundlich und gibt gern Auskünfte über Verkehrsmittel, Ausflugsmöglichkeiten oder Restaurants.

Das Plaka-Hotel ist die ideale Unterkunft für die Erkundung der zentralen Attraktionen.

Preis pro Übernachtung: ab 60 €

Mobilität

AUTO ODER ZWEIRAD

Das Autofahren in Athen ist mit Respekt zu betrachten, denn der Verkehr ist sehr dicht, das Fahrverhalten vieler Autofahrer erscheint chaotisch und erfordert Reaktionsschnelligkeit, hohe Konzentration sowie eine vorausschauende Denkweise.

Ein Motorroller oder ein Motorrad erleichtern das Durchkommen im Stoßverkehr, denn dann können Sie vorsichtig rechts und links an Kolonnen vorbeifahren. Das ist allerdings nicht empfehlenswert, denn es fehlt die Knautschzone, falls Sie doch einmal mit einem anderen Fahrzeug in Kontakt kommen, und so können ernsthafte Verletzungen auftreten. In Athen können Sie Motorräder und Motorroller bei vielen Anbietern mieten. Ein Preisvergleich lohnt sich. Wählen Sie am besten Motorroller mit großen Reifen, denn diese sind bei der Fahrt stabiler, was in der Mittelmeerregion aufgrund des umherwirbelnden Straßenstaubes sinnvoll ist. Erschrecken Sie aber nicht, denn die Unfallzahlen sind relativ gering und verlaufen wegen der niedrigen Geschwindigkeiten häufig glimpflich.

TAXI

Die Taxipreise in Athen sind in der Regel recht niedrig, zum Beispiel kostet eine zwanzigminütige Fahrt vom Syntagma-Platz nach Glyfada ungefähr 10 €. Fallen Sie nicht auf vermeintlich günstige Pauschalpreise herein, diese sind in Wirklichkeit teurer. Fahren Sie nur mit einem Taxameter, außer, Sie kennen Athen schon gut. Wählen Sie an den Taxiständen ein Fahrzeug mitten aus der Reihe statt des ersten Taxis, denn manche Taxifahrer versuchen, gerade bei Touristen den doppelten Preis oder mehr abzukassieren. Sollte der Taxifahrer einen zu hohen Preis verlangen, können Sie auf eine Rechnung bestehen und die Fahrernummer notieren. Den Vorfall können Sie dann bei der Touristenpolizei melden. Ein Trinkgeld für Taxifahrer ist höflich, aber keine Pflicht.

TRAM

Die Tram fährt in langsamerem Tempo als die Metro, aber sie fährt bis nach Voulas. Es ist lohnenswert, die Tram zu nutzen, denn auf diese Weise können Sie sich Athen ganz entspannt ansehen. Sie können dabei sehr gut zwischen der Tram und der Metro wechseln. Von Athen aus fährt die Tram in westliche Richtung und verlässt Piräus nach Süden in das Naherholungsgebiet Athens mit Strand, Beach Clubs und mehr. Die Endstation der Tram ist Voulas. Auf den drei Streckenverläufen herrscht ein durchschnittlicher Takt von 7,5 Minuten. Ein Tramticket kostet 1,40 € sowie 0,60 € für Kinder.

METRO

Athen verfügt zurzeit über drei Metrolinien.

Die Linie 1 (M1 ISAP, im Liniennetzplan grün gekennzeichnet) führt vom Omonia-Platz über Monastiraki sowie Thissio nach Piräus oder vom Omonia-Platz bis Kifissia. Sie ist die älteste der Strecken und verläuft nur wenig unterirdisch.

Die Linie 2 (M2 Attiko Metro, im Liniennetzplan rot gekennzeichnet) führt von Peristeri über die Stadtmitte bis nach Glyfada.

Die Linie 3 (M3 Attiko Metro, im Liniennetzplan blau gekennzeichnet) führt von Chaidari bis zum Athener Flughafen.

Die Linie 1 gibt es in Teilen schon über 100 Jahre und die beiden anderen Linien wurden vor den Olympischen Spielen im Jahr 2004 eröffnet. Es sind weitere Strecken geplant oder werden bereits gebaut. Touristen schätzen die Metro, denn sie ist verlässlich, schnell und übersichtlich. Die Stationen sind sauber und schön gestaltet. Die Durchsagen erfolgen auf Griechisch sowie Englisch. Sie erreichen alle Touristenattraktionen und alle interessanten Orte einfach und preiswert.

Bei Tunnelarbeiten wurden immer wieder kostbare Zeugnisse aus der Historie Athens entdeckt, die in den Metrostationen ausgestellt wurden. Die Metrostation Syntagma-Platz sollte unbedingt einmal besucht werden. Angenehm für Ohren und Augen ist, dass in vielen Stationen entspannte Loungemusik gespielt wird, und die Wände sind ganz in weißem Marmor getäfelt.

Die Fahrscheine sind an den Schaltern der Metrostationen erhältlich sowie an den Automaten. Diese Automaten nehmen Geldscheine bis 20 € entgegen. Sie sollten trotzdem sicherheitshalber stets Münzgeld mitführen. Ein normales Metroticket kostet 1,40 € und kann 90 Minuten lang genutzt werden. Ein Metroticket zum Athener Flughafen kostet 10 €. Die Taktzeit beträgt tagsüber 10 Minuten und im Stoßverkehr 4 Minuten. Die Fahrtickets müssen vor Fahrtantritt entwertet werden.

Die Stadt Athen bietet für Vielfahrer und Touristen attraktive Ticketangebote.

Tagesticket

Das Tagesticket gilt im ganzen Nahverkehr (Tram, Bus, Stadtbus, Metro) und ist für 4,50 € zu haben. Es ist nicht überall erhältlich, doch an den meisten Automaten der Metrostationen. Das Tagesticket besitzt keine Gültigkeit auf der Strecke zum und vom Flughafen sowie auch auf einigen anderen Strecken. Auf den Automaten der Metro sind Hinweise in englischer Sprache angebracht, wo das Tagesticket nicht gilt. Das Tagesticket ist vor Fahrtantritt zu entwerten.

5-Tages-Ticket

Das 5-Tages-Ticket (gültig 5 mal 24 Stunden) kann im kompletten Nahverkehr genutzt werden und ist für 9 € erhältlich. In der Regel ist es an den Automaten der Metrostationen verfügbar. Dieses Fahrticket kann nicht auf der Flughafenstrecke, für den Bus X80 und für manche Regionalzüge genutzt werden. Die

Strecken, für die es nicht gilt, sind auf den englischsprachigen Aufklebern an den Automaten der Metro angebracht. Dieser Fahrschein ist vor Fahrtantritt zu entwerten.

Touristenticket

Hier handelt es sich um ein 3-Tages-Ticket, was auch eine Hin- und Rückfahrt zum Flughafen Athen einschließt. Die Kosten betragen 22 €. Das Ticket besitzt keine Gültigkeit für den Bus X80 und für bestimmte Regionalzüge.

STADTBUS

In Athen gibt es Trolley-Busse als Oberleitungsbusse, die in dichtem Takt fahren, ebenfalls gibt es Autobusse im 20-Minuten-Takt. Diese Verkehrsmittel sind sehr geeignet im Stadtverkehr, dennoch müssen die Fahrpläne genau gelesen werden. Das ist häufig durch Aufkleber oder Graffiti kompliziert.

Athen verfügt im Stadtverkehr über 450 Buslinien. Natürlich gibt es auch Überlandbusse der KTEL für die Fahrten in die Attika-Region. Wenn Sie in einen Bus steigen wollen, geben Sie dem Busfahrer ein Handzeichen. Ein einfaches Busticket kostet 1,20 €, kombiniert mit Metro oder Tram (Fahrtdauer 90 Minuten) kostet es 1,40 €. Es gibt einen gesonderten Tarif zum Flughafen für 6 €.

Hinweis: Die Ticketpreise entsprechen dem aktuellen Stand, können sich aber jederzeit ändern.

Budget

Sie fragen sich möglicherweise, wie viel Geld Sie für Ihre Reise nach Athen einplanen sollten. Auf jeden Fall hilft eine gute Planung im Vorfeld. Sie können festlegen, was Sie unbedingt ansehen oder unternehmen wollen. Planen Sie Ihr Budget nicht zu knapp, denn ein Reservebudget schadet nie.

In Griechenland können Sie viele Möglichkeiten nutzen, Geld zu sparen. Wer aber nicht auf jeden Euro achten muss oder will, kommt mit den folgenden Angaben gut aus.

Flüge nach Athen gibt es von günstig bis teuer, es kommt natürlich auch auf den Buchungszeitraum an.

Übernachtungen sind in preiswerten Jugendherbergen und Hostels möglich. Wenn Sie ein Hotel bevorzugen, haben Sie die Wahl zwischen Low-Budget (etwa 50 € pro Nacht), Mittelklasse (ab 80 € pro Nacht) und Luxusklasse (ab 100 € pro Nacht).

Für einen Tag Athen sollten Sie etwa 60 € einplanen für Mittagessen, Abendessen, Kaffee, einen schönen Cocktail am Abend sowie für das Ansehen von ein bis zwei Sehenswürdigkeiten.

Tipps für den schmalen Geldbeutel

SPARSAM DURCH ATHEN

Die Metro, die Regionalbusse und die Stadtbusse sind preiswerte Verkehrsmittel. Es gibt außerdem zahlreiche Fahrradvermietungen, damit Sie mit wenig Geld durch die Stadt kommen.

Günstig essen

Wenn es ums Essen geht, dann hat Athen viele tolle Möglichkeiten, auch für kleines Geld. Es gibt zahlreiche Möglichkeiten, sich für 2 bis 10 € mit etwas

Essbarem zu versorgen. Die Auswahl reicht von kleinen Bäckereien bis hin zum leckeren Straßenimbiss.

Griechisches Essen ist eines der besten der Welt. Es gibt einige preiswerte Tavernen, die traditionelle Speisen anbieten. Das jeweilige Tagesgericht wird häufig zum Sonderpreis angeboten und schont daher den Geldbeutel.

Wenn Sie Lust haben, sich eine Köstlichkeit für unterwegs zu kaufen, sind die Bauernmärkte eine gute Wahl. Sie finden regelmäßig statt und sind in jedem Stadtviertel zu finden. Eine weitere Option ist der Besuch der Athener Markthalle, in der günstige regionale Lebensmittel der jeweiligen Saison angeboten werden. Früchte, Räucherfleisch, Salami, Oliven und Käse laden zum Mitnehmen und zum Direktverzehr ein.

Souvlaki zum Mitnehmen

Das beste Souvlaki in Athen gibt es bei Kostas. Das kleine Imbissbüdchen existiert seit 1946 am Agia-Irini-Platz, welcher zentrumsnah liegt. Hier werden die gebratenen Fleischspieße in verschiedenen Varianten, zum Beispiel mit Sauce, Tomaten und Zwiebeln, im Brot serviert. Eine Portion kostet 2 €.

Preiswertes Dinner

Im Seychelles können Sie preiswert griechische Spezialitäten genießen.

Es gibt zum Beispiel marinierte Koteletts vom Schwein (7 €), Räuchersardinen (4 €) oder Lamm (11 €). Das Lokal ist ideal, wenn Sie keine Lust auf Touristentrubel haben, denn Touristen sind dort kaum zu finden.

Shopping für kleines Geld

Wenn Ihr Budget nicht so riesig ist, müssen Sie sich dennoch nicht auf einen Schaufensterbummel beschränken. Vintageläden haben guten Zulauf, dort gibt es immer wieder gute Second-Hand-Angebote.

Der Flohmarkt in Monastiraki trumpft mit einem Riesenangebot an Schnäppchen auf. Da bietet sich vor allem der Sonntagvormittag an, wenn die Trödelhändler rund um die Metrostation Thissio sowie den Avissinia-Platz ihre Waren anbieten.

Im hippen Psirri gibt es die Straße Protogenous, die für Second-Hand-Käufer eine wahre Fundgrube ist.

Kostenlose Städtetour

Falls Sie keine Lust zum Einkaufen haben, können Sie auch eine kostenlose Städteführung machen. Diese werden von Einheimischen begleitet und es gibt sie für verschiedene Geschmäcker, egal, ob Sie die historischen Stätten besuchen, das Leben in der Stadt erleben, im Restaurant schlemmen oder sich ins Nachtleben stürzen möchten.

Für Nachtschwärmer

Der typische Grieche macht sich am frühen Abend bereit zum Flanieren (Volta). Die sehr geschmackvolle Straße Dionysiou Areopagitou hält für alle Geschmäcker etwas bereit. Hier gibt es antike Denkmäler, Straßenkünstler, Herrenhäuser nach neoklassizistischer Art und Architektur nach Art déco. In Anafiotika, einem kleinen Viertel nahe der Akropolis, können Sie malerische Gassen entdecken. Fühlen Sie sich wie auf einer griechischen Insel. Die Straßenkatzen sind ein beliebtes Fotomotiv.

Genießen Sie den Sonnenuntergang Athens auf einem steinigen Hügel namens Aeropag, der sich am Fuß der Akropolis befindet.

Ab 5 € bekommen Sie leckere Cocktails zum Mitnehmen bei TYCO in der Straße Romvis. Es finden dort auch regelmäßig Live-DJ-Events statt.

Clubtour in Kerameikos

Dieses Viertel ist sehr angesagt, aber das richtige Leben findet dort erst nach Sonnenuntergang statt. Es gibt viele Locations für wenig Geld, in denen Sie das Nachtleben von Athen bestens erleben können.

Ein Tipp ist das Cabezon, denn dort gibt es klassische Hausmannskost und Sie können bis in den frühen Morgen hinein in einem griechischen Hinterhof tanzen. Für ein paar Euro bekommen Sie noch ein Bier vom nahegelegenen Kiosk (Periptero).

Dort gibt es noch den Technopolis-Platz, an dem man preiswert und entspannt die Nacht verbringen kann.

Wenn Sie ein Kneipenfan sind, empfiehlt sich der Mavili-Platz im Viertel Ambelokopi.

Im Flower genießen Sie eine prima Pizza und im Briki können Sie zu Funk- und Soulmusik tanzen. Irgendwann landet jeder zum Abschluss in der Nachtkantine. Dort können Sie bis in die Morgenstunden Hot Dogs (Vromiko) essen.

Start in den Tag mit günstigem Frühstück

Ein Grieche ohne Brot ist kein Grieche. Holen Sie sich den griechischen Klassiker schlechthin auf den Frühstücksteller: ein frisches Koulouri, eine Art Sesamkringel, oder eine Tiropita, eine Teigtasche mit Käsefüllung. Dazu genießen Sie am besten einen Kaffee, Frappé oder Freddo Cappuccino. Eine gute Möglichkeit ist es, sich in ein Kafenion zu setzen und bei griechischem Kaffee den Alltag Athens zu erleben.

Viele, besonders ältere, Griechen spielen dabei gern ein bis zwei Partien Backgammon (Tavli). Mit dem kostenlosen Shuttlebus, der am Syntagma-Platz abfährt, können Sie eine Menge an kostenfreien Vorstellungen und Aktionen im von der Stavros-Niarchos-Stiftung bereitgestellten Kulturzentrum ansehen. Eine weitere preiswerte Idee ist ein Parkpicknick mit Leckereien aus der Bäckerei. Dort können Sie den Leuten beim Pétanquespielen oder im Winter beim Schlittschuhlaufen zusehen. Der Eislaufplatz kann mit Voranmeldung kostenfrei genutzt werden. Schauen Sie sich unbedingt das Panorama der Stadt sowie den Ausblick auf das Meer vom Leuchtturm aus an.

Natürlich können Sie auch mit der Metro an das Meer fahren und dort den Tag genießen. Dort gibt es kostengünstige Imbisse und Kioske.

Eine kleine Zeitreise

Athen, die griechische Hauptstadt, zählt zu den ältesten Städten auf der Welt, denn ihre Besiedlung erfolgte bereits vor mehr als 5.000 Jahren. Athen, eine Stadt in der Region Attika, umgeben von den Flüssen Ilisos und Kifisos, hat einen Meerzugang.

Athen ist in viele Stadtviertel (Gitonies steht für Nachbarschaften) aufgeteilt. Jedes Viertel ist durch seine eigenständige Infrastruktur geprägt, zum Beispiel gibt es in jedem Viertel ein Einkaufszentrum, egal, wie groß oder klein ein Viertel ist. Die

Menschen verbringen ihr Leben weniger in der Stadt Athen, sondern vor allem in ihrem Viertel.

Es kommt regelmäßig vor, dass der Athener Verkehr zusammenbricht. Die Luft ist besonders während der Sommerzeit schlecht, da es häufig Smogbelastung gibt. Auf einer Fläche von 3.800 Quadratmetern leben über 4 Millionen Einwohner, was für Wohnungsknappheit sorgt.

Athen ist eine beliebte Touristenmetropole von Griechenland. Die Sehenswürdigkeiten sind groß in der Anzahl und die Stadt zeugt von einer langen Historie.

Der Athener Flughafen Eleftherios Venizelos ist der Ankunftsflughafen für sämtliche Griechenland-touristen. Athen lebt hauptsächlich vom Tourismus und von der Fischerei. In den vergangenen Jahren nahm auch die Dienstleistungssparte zu.

Bis vor nicht allzu langer Zeit war Athen ein Industriestandort, jedoch hat dieser Bereich an Bedeutung verloren und der Bereich Dienstleistungen wird immer wichtiger. Die Bildung hat in Athen einen großen Stellenwert, denn hier gibt es die großen Hochschulen Griechenlands sowie die einzige Fernuniversität des gesamten Landes. Den Status als Kulturzentrum hatte Athen bereits seit der Antike und dieser wird sicherlich bestehen bleiben.

Die Akropolis stellt den Ursprung des alten Athens dar. Selbst, wenn Athen bereits vor mehr als 5.000 Jahren besiedelt wurde, so wuchs die Bedeutung der Akropolis erst um 1.300 v. Chr., denn in dieser Zeit wurde auf dem Gelände das erste Palastgebäude erbaut. Die Akropolis nahm eine Rolle als bedeutende Stadtfestung ein. Es gehören der Athenetempel und der Zeustempel dazu.

Athens lange Geschichte kann anhand vieler Ausgrabungen belegt werden. Die Stadt ist die Geburtswiege der Demokratie und ein Ort der Gelehrten Griechenlands. Diese Leistung wird dem König Theseus zugeschrieben, der in seiner Regierungszeit die Polis, einen Stadtstaat mit Demokratie, schuf. Die Philosophie war ein beliebtes Kulturgut zu jener Zeit, denn es wurde in den Athener Schulen Philosophie gelehrt. Mit dem römischen Kaiser Justinian nahm dies ein Ende, denn er schloss alle Philosophieschulen.

Die römische Herrschaft mit einer Dauer von 600 Jahren war sehr prägend für die Athener Geschichte, denn es wurden zum Beispiel die Hadriansbibliothek und der Zeustempel errichtet. Athen erlebte eine völlige Zerstörung durch die Byzantiner im 8. Jahrhundert.

Fortan gehörte es zum Byzantinischen Reich und die Besatzung dauerte bis zum 15. Jahrhundert. Im Anschluss nahmen die Osmanen Athen für eine Dauer von 450 Jahren ein. In dieser Zeit kann Athen einen kurzen Unabhängigkeitskrieg führen, dennoch erfolgte die Beendigung der Besatzung erst im Jahr 1832. Nach dem Rückzug der Osmanen blieb vom demokratischen Athen kaum etwas übrig.

Ab dem Jahr 1834 wurde Athen immer weiter ausgebaut und vergrößert und erhielt einige bedeutende Gebäude. Im Jahr 1896 fanden die ersten neuzeitlichen Olympischen Spiele statt und Athen demonstrierte diese Tradition des antiken Griechenlands. Athen beginnt, Stück für Stück zu seinen Wurzeln zurückzufinden. Um 1922 wurde die Monarchie gestürzt und Unruhe begann sich erneut auszubreiten. Es gab zwischen 1924 und 1935 die 1. Republik Griechenland.

Während des Zweiten Weltkriegs wurde Griechenland durch Deutschland besetzt, jedoch gelang die Befreiung. In Griechenland entbrannte nach Kriegsende ein Bürgerkrieg mit einer Dauer von 5 Jahren, dann folgte zwischen 1967 bis 1974 eine Militärdiktatur. Der heutige griechische Staat entstand im Jahr 1974 und im Jahr 2003 unterzeichnete Griechenland den Vertrag zum Beitritt in die EU.

Die Olympischen Spiele

Die Olympischen Spiele werden in die Olympischen Spiele der Antike und die Olympischen Spiele der Neuzeit eingeteilt. Letztere finden seit dem Jahr 1900 im Vierjahreszyklus statt. Der Ursprung liegt aber in den antiken Olympischen Spielen. Es handelt sich dabei um sportliche Veranstaltungen, die regelmäßig nach festgelegten Regularien stattfinden.

In Athen wurden mehrmals Olympische Spiele ausgetragen, beispielsweise im Panathinaikos-Stadion. In Athen wurden erstmals Wettkämpfe abgehalten und die Olympische Flamme wird traditions-

gemäß noch immer in Athen entzündet. Griechenland ist also die Geburtsstätte dieses Sportereignis-
ses. Es wurden auch tatsächlich Sportdisziplinen
und Rituale aus der Antike in die heutige Zeit über-
nommen.

Die Olympischen Spiele wurden schon vor rund
3.000 Jahren im Rahmen der Panhellenischen Spiele
durchgeführt. Es gibt auch heutzutage olympische
Disziplinen, die damals ebenfalls ausgetragen wurden. Dazu zählen Speerwerfen, Marathonlaufen, andere Laufsportarten, Fünfkampf und Diskuswerfen.
In dieser Zeit gab es auch schon Pferdesport (Wa-
genrennen) und Boxen. Der Marathonlauf ist die
Olympiadisziplin schlechthin.

Der Name der Sportart geht auf die 42 Kilometer
lange Laufstrecke von Olympia bis nach Marathon
zurück. Diese Entfernung müssen die männlichen
Läufer bis heute absolvieren. Der Fünfkampf der Antike besteht aus Weitsprung, Diskuswerfen, Stadion-
lauf, Ringkampf und Speerwerfen. Daraus entwi-
ckelten sich die Einzeldisziplinen. Die Leichtathletik
ist ein zentraler Bestandteil der Olympischen Spiele,
denn sie ist charakteristisch für den antiken Wettbe-
werb.

Heute steht bei den Olympischen Spielen die
Freundschaft unter den Völkern im Vordergrund,

wogegen in der Antike politische Zusammenkünfte zwischen Königen und politischen Repräsentanten verschiedener Länder bedeutender waren als der Wettkampf selbst. Dennoch wurde gefeiert und ein großes Programm wurde absolviert.

Die Olympische Flamme hat noch immer eine große Bedeutung, denn sie wird bis heute aus Olympia im Rahmen einer alten Zeremonie geholt. Die Flamme darf auf der Reise zum Austragungsort nicht erlöschen. Sollte die Flamme im Sportstadion doch einmal erlöschen, sind die Spiele zu beenden. Griechenland ist der Ursprung der Olympischen Spiele und hat die Ehre, stets als erstes Land das Olympiastadion während der Eröffnungsfeier zu betreten.

Schlusswort

Dieser kleine Reiseführer soll allen Lesern die Stadt Athen ein bisschen näherbringen und sie einladen, diese aufregende Metropole auf ganz eigene Weise zu erkunden.

Packliste

Geld & Finanzen

O (evtl.) Auslandswährung
O Bargeld
O Bauchtasche
O Brustbeutel
O Bauchtasche
O EC-Karte
O Kreditkarte
O Notfall-Telefonnummern der Banken
O Portmonee

Hygiene

O Haarbürste / Kamm
O Deo (klein)
O Shampoo
O Kulturtasche
O Sonnencreme
O Taschentücher

O Reise-Zahnbürste und Zahnpasta
O Verhütungsmittel

Kleidung

O Badeklamotten
O Gürtel
O Hosen kurz / lang
O Mütze / Cap / Hut
O Pullover
O Regenjacke
O Schlafanzug
O Socken
O Sonnenbrille
O Sportklamotten / Jogginghose
O T-Shirts
O Unterwäsche

Medikamente

O Blasenpflaster
O Anti-Durchfalltabletten
O Erste-Hilfe-Set

O Fiebertabletten
O Fiebertabletten
O Mückenschutz
O sonstige Medikamente
O Pflaster
O Kopfschmerztabletten

Unterlagen & Papiere

O ADAC Unterlagen
O Adresslisten für Postkarten
O Krankversicherungsnachweis
O Stadtplan
O Führerschein
O Unterlagen für die Unterkunft
O Wasserdichte Hülle für Reiseunterlagen
O Impfausweis
O Mietwagenunterlagen
O Personalausweis
O Reisepass
O Reisetagebuch
O evtl. Studentenausweis

O evtl. Visum
O Zug- / Bahn- / Flugticket

Taschen & Rucksäcke

O Koffer / Trolley / Reisetasche
O Regenhülle für Rucksack
O Rucksack

Schuhe

O Badeschlappen / Hausschuhe
O Schuhe und Wechselschuhe

Sonstiges

O Brille / Kontaktlinsen und Etui
O Buch zum Lesen
O Ohrenstöpsel und Schlafmaske
O Regenschirm
O Reisedecke
O Wasserflasche
O Wörterbuch

Elektronik

O Digitalkamera
O Handy
O Ladekabel
O Kopfhörer
O evtl. Steckdosenadapter
O Power-Bank

Herstellung und Verlag:

BoD – Books on Demand, Norderstedt

ISBN: 9783750499591

1. Auflage

Kontakt: Psiana eCom UG/ Berumer Str. 44/ 26844 Jemgum

Covergestaltung: Fenna Larsson

Coverfoto: depositphotos.com